APRESENTAÇÃO

INTRODUÇÃO AO ENDOMARKETING ESTRATÉGICO

COMPREENDENDO A DESMOTIVAÇÃO NO AMBIENTE DE TRABALHO

ESTABELECENDO OS FUNDAMENTOS DO ENDOMARKETING

PLANEJAMENTO DE ESTRATÉGIAS DE ENDOMARKETING

COMUNICAÇÃO EFICAZ NO ENDOMARKETING

CULTURA ORGANIZACIONAL E ENDOMARKETING

RECONHECIMENTO E VALORIZAÇÃO DOS COLABORADORES

TREINAMENTO E DESENVOLVIMENTO ATRAVÉS DO ENDOMARKETING

PROMOVENDO O BEM-ESTAR NO LOCAL DE TRABALHO

FEEDBACK CONSTRUTIVO E DIÁLOGO ABERTO

EVENTOS CORPORATIVOS E ATIVIDADES DE FORMAÇÃO DE EQUIPES

ENDOMARKETING DIGITAL

INCORPORANDO A GAMIFICAÇÃO

RESPONSABILIDADE SOCIAL CORPORATIVA E ENDOMARKETING

MEDINDO O SUCESSO DO ENDOMARKETING

SUPERANDO DESAFIOS NO ENDOMARKETING

ENDOMARKETING PARA DIFERENTES GERAÇÕES

SUSTENTABILIDADE E ENDOMARKETING

A ARTE DE ESCUTAR NO ENDOMARKETING

ENDOMARKETING E A EXPERIÊNCIA DO COLABORADOR

INOVAÇÃO E CRIATIVIDADE NO ENDOMARKETING

LIDERANÇA E ENDOMARKETING

CONSTRUINDO UM TIME DE ENDOMARKETING

TRANSFORMANDO A TEORIA EM AÇÃO

REGINALDO OSNILDO

O guia de endomarketing estratégico para a transformação de seus colaboradores

Copyright © 2024 Reginaldo Osnildo
Todos os direitos reservados.

APRESENTAÇÃO

Bem-vindo ao início de uma transformação notável dentro da sua empresa. Este livro, "**O guia de endomarketing estratégico para a transformação de seus colaboradores**", é mais do que um manual; é um convite para embarcar em uma jornada rumo à excelência organizacional, ao engajamento dos colaboradores e à construção de uma cultura de trabalho vibrante e positiva. Você está prestes a descobrir como o endomarketing, uma abordagem muitas vezes subestimada, pode ser o catalisador para um ambiente de trabalho onde cada membro da equipe não apenas aspira a dar o melhor de si, mas também se sente valorizado, motivado e integralmente parte do sucesso da empresa.

Nas páginas que se seguem, você encontrará uma síntese refinada de conhecimentos tradicionais e modernos sobre o endomarketing, todos apresentados de uma maneira prática e acessível. Este não é apenas um compêndio de teorias; é um guia vivo, respirando a vida nova em conceitos estabelecidos e os atualizando para o mundo em constante mudança de hoje. Ao ler este livro, você estará equipado com as ferramentas e o conhecimento necessários para desenvolver e executar um programa de endomarketing eficaz, transformando colaboradores desmotivados em uma força de trabalho engajada e dedicada.

Desde a introdução ao endomarketing estratégico, compreendendo a raiz da desmotivação no ambiente de trabalho, até abordagens inovadoras como o endomarketing digital e a gamificação, cada capítulo foi cuidadosamente projetado para guiar você, passo a passo, através do processo de criação e implementação de estratégias de endomarketing eficazes. Este livro destina-se a ser o seu companheiro na promoção de uma cultura organizacional forte e um ambiente de trabalho positivo, onde o bem-estar dos colaboradores é priorizado e a comunicação é a chave para o sucesso.

À medida que avançamos de capítulo para capítulo, você será constantemente lembrado de que o sucesso de qualquer iniciativa de endomarketing começa com a compreensão e a aplicação dos conceitos que aqui discutimos. Cada seção foi elaborada não apenas para informar, mas para inspirar ação e reflexão. E ao final de cada capítulo, um convite ao próximo estágio da sua jornada, garantindo uma experiência de leitura contínua e envolvente.

Prepare-se para descobrir como transformar sua equipe, promover um ambiente de trabalho mais saudável e produtivo, e fazer da sua empresa um lugar onde todos desejam estar. "**O guia de endomarketing estratégico para a transformação de seus colaboradores**" está pronto para ser o seu aliado nesta jornada. Você está pronto para começar?

Atenciosamente

Prof. Dr. Reginaldo Osnildo

INTRODUÇÃO AO ENDOMARKETING ESTRATÉGICO

O endomarketing, ou marketing interno, é uma estratégia fundamental para transformar o ambiente de trabalho e engajar colaboradores de maneira profunda e significativa. Mas, afinal, o que realmente significa e qual é a sua importância na construção de uma equipe dedicada e motivada? Neste capítulo, você vai descobrir exatamente isso, além de entender como essa abordagem pode ser o diferencial na transformação de colaboradores desmotivados em uma força de trabalho vibrante e engajada.

DEFININDO ENDOMARKETING

O endomarketing é uma prática que consiste em aplicar estratégias de marketing voltadas ao público interno da empresa, ou seja, seus colaboradores. O objetivo é criar um ambiente de trabalho positivo, aumentar o engajamento e a satisfação, promover uma cultura organizacional alinhada aos valores da empresa e, consequentemente, melhorar a produtividade e os resultados do negócio. Através do endomarketing, você comunica missões, visões, e objetivos de forma clara, reconhece e valoriza os esforços e conquistas dos colaboradores e promove um sentimento de pertencimento e orgulho em fazer parte da empresa.

A IMPORTÂNCIA DO ENDOMARKETING

Vivemos em um mundo onde a experiência do colaborador é tão importante quanto a experiência do cliente. Colaboradores motivados e engajados são mais propensos a oferecer um serviço de qualidade, impulsionar inovações e contribuir para um ambiente de trabalho saudável e produtivo. O endomarketing é a ferramenta que possibilita alcançar esses resultados. Ele ajuda a:

- Fortalecer a comunicação interna, garantindo que todos estejam alinhados e informados sobre os acontecimentos e direções da empresa.

- Promover a cultura organizacional, reforçando os valores e comportamentos esperados, além de celebrar a diversidade e inclusão.

- Aumentar a satisfação e o bem-estar dos colaboradores, oferecendo um ambiente de trabalho seguro, saudável e estimulante.

- Incentivar o desenvolvimento pessoal e profissional, proporcionando oportunidades de crescimento e aprendizado.

ATUALIZANDO OS CONCEITOS PARA OS DIAS DE HOJE

O mundo corporativo está em constante evolução, e as práticas de endomarketing também precisam se adaptar. Atualmente, com o aumento do trabalho remoto e da necessidade de flexibilidade, as estratégias de endomarketing devem ser inclusivas e abrangentes, capazes de alcançar e engajar colaboradores independentemente de onde estejam. A tecnologia se tornou uma grande aliada, permitindo a realização de eventos virtuais, treinamentos online e o uso de plataformas de comunicação interna para manter todos conectados e engajados.

POR QUE ESTE LIVRO É ESSENCIAL PARA VOCÊ

Este guia foi criado pensando em você e na necessidade de atualizar e sintetizar o conhecimento sobre endomarketing, tornando-o acessível e prático. Aqui, você não encontrará apenas teorias, mas sim estratégias aplicáveis que foram adaptadas às necessidades e desafios atuais das organizações. Você será capaz de implementar um programa de endomarketing eficaz que não só transformará seus colaboradores em uma força de trabalho engajada, mas também promoverá uma mudança positiva em toda a cultura organizacional.

Agora que você compreendeu o que é o endomarketing e sua importância crucial na transformação de colaboradores e na promoção de uma cultura organizacional positiva, é hora de mergulhar mais fundo. No próximo capítulo, vamos explorar as causas comuns de desmotivação no ambiente de trabalho e como o endomarketing pode ser estrategicamente utilizado para abordá-las. Prepare-se para adquirir insights valiosos que serão o alicerce para desenvolver estratégias de endomarketing eficazes. Vamos juntos descobrir como reacender a chama da motivação e do engajamento em sua equipe.

COMPREENDENDO A DESMOTIVAÇÃO NO AMBIENTE DE TRABALHO

A desmotivação no ambiente de trabalho é um desafio complexo que afeta não apenas a produtividade individual, mas também o moral da equipe e, por extensão, o sucesso da empresa como um todo. Neste capítulo, você mergulhará nas causas comuns dessa desmotivação e descobrirá como o endomarketing pode ser uma ferramenta poderosa para transformar um ambiente de trabalho desanimador em um espaço vibrante e motivador.

IDENTIFICANDO AS RAÍZES DA DESMOTIVAÇÃO

Para combater a desmotivação, é crucial entender suas causas subjacentes. Alguns dos fatores mais comuns incluem:

- **Falta de reconhecimento e valorização:** Quando os colaboradores sentem que seus esforços não são reconhecidos, a motivação para o trabalho pode diminuir significativamente.

- **Comunicação ineficaz:** Uma comunicação pobre ou insuficiente entre a equipe e a liderança pode levar a mal-entendidos, conflitos e uma sensação de isolamento.

- **Ausência de crescimento e desenvolvimento profissional:** A falta de oportunidades para avançar ou aprender novas habilidades pode fazer com que os colaboradores se sintam estagnados.

- **Ambiente de trabalho negativo:** Um clima organizacional tóxico, com altos níveis de estresse, competição desleal ou falta de apoio, pode deteriorar rapidamente a motivação.

O PAPEL DO ENDOMARKETING NA REVERSÃO DA DESMOTIVAÇÃO

O endomarketing surge como uma resposta estratégica a esses desafios, oferecendo soluções que visam melhorar o engajamento e a satisfação dos colaboradores. Vamos explorar como:

- **Promover o reconhecimento:** Através de iniciativas de endomarketing, é possível criar programas de reconhecimento que celebrem as conquistas e contribuições dos colaboradores, mostrando que cada esforço é valorizado.

- **Melhorar a comunicação:** Implementar canais eficazes de comunicação interna e promover uma cultura de feedback aberto podem ajudar a construir uma ponte sólida entre a equipe e a liderança, garantindo que todos se sintam ouvidos e incluídos.

- **Oferecer oportunidades de crescimento:** Programas de desenvolvimento profissional e planos de carreira, comunicados e incentivados através do endomarketing, podem motivar os colaboradores a se engajarem mais com seu trabalho, sabendo que a empresa investe em seu futuro.

- **Cultivar um ambiente positivo:** Estratégias de endomarketing podem ser utilizadas para fomentar um clima organizacional saudável, promovendo o bem-estar, a colaboração e o respeito mútuo entre os membros da equipe.

TRANSFORMANDO A TEORIA EM AÇÃO

Conhecer as causas da desmotivação é apenas o primeiro passo. Implementar efetivamente estratégias de endomarketing que abordem essas questões requer um planejamento cuidadoso e um compromisso contínuo com a melhoria do ambiente de trabalho. Encorajo você a refletir sobre como esses fatores se aplicam à sua organização e a considerar abordagens inovadoras de endomarketing que possam ser adaptadas às suas necessidades específicas.

Agora que você tem uma compreensão sólida das causas da desmotivação no trabalho e do papel vital que o endomarketing pode desempenhar na reversão dessa tendência, é hora de avançar para a fase de planejamento. No próximo capítulo, "ESTABELECENDO OS FUNDAMENTOS DO ENDOMARKETING", vamos mergulhar nos princípios básicos que formam a espinha dorsal de qualquer estratégia de endomarketing bem-sucedida.

Prepare-se para transformar os insights deste capítulo em ações concretas que promoverão um ambiente de trabalho motivador e engajador.

ESTABELECENDO OS FUNDAMENTOS DO ENDOMARKETING

Antes de embarcar na jornada para transformar o ambiente de trabalho através do endomarketing, é essencial compreender os pilares que sustentam uma estratégia de endomarketing eficaz. Este capítulo se dedica a estabelecer esses fundamentos, oferecendo a você as bases sólidas necessárias para desenvolver um programa que não apenas atenda às necessidades imediatas dos colaboradores, mas também promova uma transformação duradoura na cultura da sua empresa.

COMPREENSÃO E ALINHAMENTO DOS VALORES DA EMPRESA

O primeiro passo para qualquer estratégia de endomarketing bem-sucedida é garantir que haja um entendimento claro e um alinhamento profundo dos valores da empresa entre todos os colaboradores. Isso inclui:

- **Visão e missão:** Garantir que todos na empresa compreendam para onde a organização está indo e o propósito que guia suas ações.

- **Valores culturais:** Promover e viver os valores que definem a cultura organizacional, incentivando comportamentos que refletem esses princípios.

COMUNICAÇÃO EFICAZ

Uma comunicação clara e aberta é o coração do endomarketing. Desenvolver e manter canais de comunicação que permitam o fluxo bidirecional de informações é crucial. Isso envolve:

- **Canais diversificados:** Utilizar uma variedade de meios para garantir que a mensagem chegue a todos, considerando as particularidades do ambiente de trabalho moderno, como equipes remotas.

- **Feedback:** Encorajar e facilitar o feedback contínuo entre os colaboradores e a gestão, utilizando-o como uma ferramenta para aprimoramento constante.

ENGAJAMENTO ATRAVÉS DO RECONHECIMENTO

O reconhecimento é uma poderosa ferramenta de motivação. Desenvolver programas de reconhecimento que sejam justos, transparentes e alinhados com os objetivos da empresa pode significar a diferença entre uma equipe apática e uma vibrante. Isso pode incluir:

- **Reconhecimento do desempenho:** Celebrar as conquistas individuais e em equipe de forma significativa.

- **Iniciativas de valorização:** Implementar práticas que demonstrem aos colaboradores que sua saúde, bem-estar e desenvolvimento pessoal são valorizados pela empresa.

DESENVOLVIMENTO CONTÍNUO

A oferta de oportunidades de desenvolvimento contínuo é fundamental para manter os colaboradores engajados e motivados. Isso abrange:

- **Treinamentos e educação:** Proporcionar acesso a programas de treinamento e educação que ajudem no crescimento profissional e pessoal dos colaboradores.

- **Plano de carreira:** Desenvolver e comunicar claramente os caminhos de carreira disponíveis dentro da empresa, incentivando os colaboradores a aspirarem ao crescimento.

PROMOVENDO O BEM-ESTAR

O bem-estar dos colaboradores deve ser uma prioridade em qualquer estratégia de endomarketing. Isso envolve:

- **Ambiente de trabalho saudável:** Criar um ambiente físico e psicológico que promova a saúde e o bem-estar dos colaboradores.

- **Iniciativas de bem-estar:** Lançar programas focados na saúde física, mental e emocional dos colaboradores.

Com os fundamentos do endomarketing bem estabelecidos, você

está agora preparado para começar a planejar e implementar estratégias específicas que levarão à transformação desejada em sua organização. No próximo capítulo, "PLANEJAMENTO DE ESTRATÉGIAS DE ENDOMARKETING", mergulharemos no processo passo a passo para criar um plano robusto de endomarketing, alinhado com os objetivos da empresa e as necessidades de seus colaboradores. Prepare-se para transformar esses fundamentos em ações concretas que irão revitalizar a cultura da sua empresa e engajar sua equipe como nunca.

PLANEJAMENTO DE ESTRATÉGIAS DE ENDOMARKETING

Após estabelecer os fundamentos do endomarketing, o próximo passo é desenvolver um plano estratégico que orientará a implementação dessas iniciativas dentro da sua organização. Um plano de endomarketing bem elaborado é crucial para assegurar que as ações sejam alinhadas com os objetivos da empresa e atendam às necessidades dos colaboradores, promovendo um ambiente de trabalho motivador e engajado. Este capítulo oferece um guia passo a passo para criar seu plano de endomarketing, desde a definição de objetivos até a execução e avaliação das estratégias.

DEFININDO OBJETIVOS CLAROS

O primeiro passo no planejamento de suas estratégias de endomarketing é estabelecer objetivos claros e mensuráveis. Pergunte a si mesmo:

- O que você deseja alcançar com o endomarketing?

- Você está buscando melhorar a comunicação interna, aumentar a satisfação dos colaboradores, promover a cultura organizacional, ou talvez tudo isso?

Ter objetivos bem definidos é essencial para guiar suas ações e medir o sucesso das suas iniciativas.

CONHECENDO SEU PÚBLICO

Entender quem são seus colaboradores e o que eles valorizam é fundamental para o desenvolvimento de estratégias eficazes de endomarketing. Considere:

- As diferentes gerações presentes na empresa e suas preferências de comunicação.

- Os interesses, necessidades e desafios enfrentados pelos colaboradores.

Uma estratégia de endomarketing eficaz é aquela que ressoa com o público interno e atende às suas expectativas.

ELABORANDO O PLANO

Com os objetivos definidos e um entendimento claro do seu público, você pode começar a elaborar o plano. Isso inclui:

- **Seleção de canais de comunicação:** Decida quais canais serão utilizados para alcançar os colaboradores de forma eficaz, seja por meio de intranet, newsletters, reuniões presenciais ou virtuais, entre outros.

- **Desenvolvimento de conteúdo:** Planeje o tipo de conteúdo que será compartilhado, garantindo que ele seja relevante, envolvente e alinhado com os valores da empresa.

- **Cronograma:** Estabeleça um cronograma para a implementação das ações, considerando os melhores momentos para cada iniciativa.

EXECUÇÃO

A execução do seu plano de endomarketing deve ser cuidadosamente gerenciada para garantir que as estratégias sejam implementadas conforme planejado. É importante:

- Manter a comunicação constante e clara.

- Incentivar a participação dos colaboradores, criando um ambiente onde eles se sintam à vontade para compartilhar feedback e ideias.

- Monitorar o progresso das ações e fazer ajustes conforme necessário.

AVALIAÇÃO E AJUSTES

Após a implementação das estratégias de endomarketing, é crucial avaliar seus resultados. Isso envolve:

- Analisar se os objetivos foram alcançados.

- Coletar feedback dos colaboradores sobre as iniciativas.

- Identificar áreas de melhoria e fazer ajustes no plano conforme necessário.

A avaliação contínua e a disposição para adaptar as estratégias são fundamentais para o sucesso a longo prazo do endomarketing na sua empresa.

Com um plano de endomarketing estrategicamente elaborado e em execução, você está no caminho certo para transformar o ambiente de trabalho e engajar seus colaboradores. No próximo capítulo, "COMUNICAÇÃO EFICAZ NO ENDOMARKETING", aprofundaremos nas técnicas e estratégias para melhorar a comunicação interna, garantindo que as mensagens não apenas alcancem todos os colaboradores, mas também os inspirem a se engajar com a visão da empresa. Preparado para explorar os segredos de uma comunicação eficaz que pode transformar sua organização? Vamos adiante!

COMUNICAÇÃO EFICAZ NO ENDOMARKETING

Uma comunicação clara, aberta e eficaz é o pilar central de qualquer estratégia de endomarketing bem-sucedida. É por meio da comunicação que os valores, objetivos e reconhecimentos da empresa são transmitidos aos colaboradores, fortalecendo a cultura organizacional e incentivando o engajamento. Este capítulo explora técnicas e estratégias para otimizar a comunicação interna, garantindo que as mensagens não apenas cheguem a todos os colaboradores, mas também os movam à ação e participação.

IDENTIFICANDO OS CANAIS DE COMUNICAÇÃO MAIS EFICAZES

O primeiro passo para uma comunicação eficaz é identificar os canais de comunicação que melhor se adaptam às necessidades e preferências dos seus colaboradores. Isso pode incluir:

- **Intranet:** Uma plataforma centralizada para compartilhar notícias, atualizações e reconhecimentos.

- **Newsletters internas:** Para manter os colaboradores informados sobre eventos e desenvolvimentos importantes.

- **Reuniões regulares:** Tanto presenciais quanto virtuais, para fomentar a discussão aberta e o feedback.

- **Mídias sociais corporativas:** Plataformas como o Yammer ou Slack, que permitem uma comunicação mais dinâmica e interativa.

CRIANDO CONTEÚDO QUE ENGAJA

A qualidade e a relevância do conteúdo compartilhado são cruciais para capturar a atenção dos colaboradores e incentivá-los a se envolver. Algumas dicas incluem:

- **Personalizar a comunicação:** Segmentar as mensagens de acordo com os diferentes grupos dentro da organização para garantir relevância.

- **Ser claro e conciso:** Evitar jargões desnecessários e garantir que as mensagens sejam fáceis de entender.

- **Incluir chamadas para ação:** Encorajar os colaboradores a participarem, seja dando feedback, participando de eventos ou contribuindo com ideias.

PROMOVENDO A COMUNICAÇÃO BIDIRECIONAL

Uma comunicação eficaz no endomarketing não é apenas sobre transmitir mensagens da gestão para os colaboradores, mas também sobre ouvir o que eles têm a dizer. Estratégias para promover a comunicação bidirecional incluem:

- **Caixas de sugestões:** Físicas ou digitais, onde os colaboradores podem compartilhar ideias e feedback anonimamente.

- **Pesquisas de opinião:** Para coletar feedback regular sobre diversas questões, desde a satisfação no trabalho até ideias para novas iniciativas de endomarketing.

- **Fóruns de discussão:** Espaços onde os colaboradores podem discutir ideias, compartilhar feedback e colaborar em projetos.

MEDINDO O SUCESSO DA COMUNICAÇÃO

Para garantir que as estratégias de comunicação sejam eficazes, é essencial medir seu impacto. Isso pode ser feito através de:

- **Análise de engajamento:** Medir a taxa de abertura de newsletters, participação em pesquisas e atividade nas plataformas de comunicação interna.

- **Feedback dos colaboradores:** Coletar e analisar o feedback sobre a eficácia da comunicação e áreas de melhoria.

- **Indicadores de desempenho:** Observar se há uma correlação entre a comunicação eficaz e indicadores-chave de desempenho, como satisfação no trabalho e produtividade.

Agora que exploramos as fundamentações de uma comunicação interna eficaz e como ela pode fortalecer as iniciativas de endomarketing, é hora de olhar além e entender como essa comunicação pode contribuir para a construção e reforço da cultura organizacional. No próximo capítulo, "CULTURA ORGANIZACIONAL E ENDOMARKETING", mergulharemos na interseção entre a comunicação eficaz e a cultura organizacional, explorando como o endomarketing pode ser uma ferramenta poderosa para promover uma cultura positiva que incentive o engajamento e a dedicação. Esteja pronto para descobrir como alinhar suas estratégias de comunicação com os valores e objetivos da sua empresa, transformando a cultura organizacional.

CULTURA ORGANIZACIONAL E ENDOMARKETING

A cultura organizacional é o coração de qualquer empresa, influenciando diretamente o engajamento e a satisfação dos colaboradores. É o conjunto de valores, crenças, rituais e normas que moldam o comportamento e as interações no ambiente de trabalho. O endomarketing, como uma ponte entre a gestão e os colaboradores, desempenha um papel crucial na promoção e no reforço dessa cultura. Neste capítulo, vamos explorar como o endomarketing pode ser efetivamente utilizado para cultivar uma cultura organizacional positiva, transformando não apenas o ambiente de trabalho, mas também a percepção e o comprometimento dos colaboradores.

DEFININDO E COMUNICANDO A CULTURA ORGANIZACIONAL

O primeiro passo para reforçar a cultura organizacional através do endomarketing é definir claramente os valores e crenças da empresa. Essa definição deve ser comunicada de forma consistente e atraente para todos os colaboradores, utilizando os canais e estratégias de comunicação discutidos no capítulo anterior. Histórias de sucesso, depoimentos de colaboradores e exemplos do dia a dia que refletem os valores da empresa são ferramentas poderosas para essa comunicação.

INTEGRANDO A CULTURA NO COTIDIANO DA EMPRESA

Para que a cultura organizacional seja mais do que um conjunto de palavras em um mural ou website, ela precisa ser vivida e respirada diariamente. Isso pode ser alcançado através de:

- **Rituais e celebrações:** Criar eventos e momentos que celebrem os valores da empresa e reconheçam os colaboradores que os exemplificam.

- **Decisões alinhadas com a cultura:** Garantir que todas as decisões de negócios, desde contratações até estratégias de mercado, reflitam os valores da empresa.

- **Liderança como modelo:** Líderes e gestores devem ser os principais defensores da cultura, demonstrando através de suas ações e decisões os valores que a empresa preza.

UTILIZANDO O ENDOMARKETING PARA REFORÇAR A CULTURA

O endomarketing oferece uma série de estratégias para reforçar a cultura organizacional, incluindo:

- **Comunicação visual:** Utilizar o espaço físico e virtual da empresa para reforçar visualmente a cultura e os valores, por meio de posters, murais e conteúdo digital.

- **Capacitação e desenvolvimento:** Oferecer treinamentos e workshops que não só desenvolvam habilidades técnicas, mas também cultivem os valores e a cultura da empresa.

- **Feedback contínuo:** Promover um ambiente onde o feedback é valorizado, utilizando-o para reforçar comportamentos e práticas alinhadas à cultura organizacional.

MEDINDO O IMPACTO NA CULTURA ORGANIZACIONAL

A eficácia das iniciativas de endomarketing na promoção da cultura organizacional pode ser medida através de:

- **Pesquisas de clima organizacional:** Avaliar periodicamente a percepção dos colaboradores sobre a cultura da empresa e o seu alinhamento com ela.

- **Análise de engajamento:** Observar mudanças nos níveis de engajamento e satisfação dos colaboradores como indicadores do fortalecimento da cultura.

- **Feedback direto:** Coletar e analisar feedback sobre as iniciativas de endomarketing e seu impacto na vivência dos valores da empresa.

Com uma cultura organizacional forte e positiva, reforçada por estratégias eficazes de endomarketing, sua empresa estará bem posicionada para atrair, reter e motivar talentos. No entanto, para que esses esforços se traduzam em resultados tangíveis, é essencial reconhecer e valorizar os colaboradores de maneira significativa. No próximo capítulo, "RECONHECIMENTO E VALORIZAÇÃO DOS COLABORADORES", exploraremos estratégias para criar um sistema de reconhecimento que não apenas celebre as conquistas, mas também alimente a motivação e o comprometimento a longo prazo. Esteja pronto para descobrir como transformar a apreciação em uma ferramenta poderosa para impulsionar o engajamento e a produtividade.

RECONHECIMENTO E VALORIZAÇÃO DOS COLABORADORES

O reconhecimento e a valorização dos colaboradores são fundamentais para fomentar um ambiente de trabalho motivador e engajador. Quando as pessoas se sentem valorizadas, elas tendem a se dedicar mais, a contribuir de forma mais significativa para a equipe e a empresa, e a manter uma postura positiva no dia a dia. Este capítulo discute como estruturar e implementar um sistema de reconhecimento que celebre as conquistas, reforce a cultura organizacional e promova o comprometimento dos colaboradores.

COMPREENDENDO A IMPORTÂNCIA DO RECONHECIMENTO

O reconhecimento vai além de simples elogios. Ele deve ser visto como uma peça-chave na estratégia de endomarketing, contribuindo para:

- **Aumentar a motivação:** Reconhecer o esforço e as conquistas dos colaboradores impulsiona sua motivação e satisfação no trabalho.

- **Reforçar a cultura organizacional:** Celebrar comportamentos e resultados que reflitam os valores da empresa ajuda a reforçar a cultura organizacional.

- **Melhorar o desempenho:** Um ambiente onde o reconhecimento é frequente incentiva todos a manterem um alto nível de desempenho.

ESTRATÉGIAS DE RECONHECIMENTO EFICAZES

Para que o reconhecimento seja eficaz, ele deve ser sincero, específico e oportuno. Considere as seguintes estratégias:

- **Reconhecimento público:** Utilizar reuniões, boletins internos ou plataformas digitais para reconhecer publicamente os esforços e conquistas dos colaboradores.

- **Programas de recompensas:** Desenvolver programas que ofereçam recompensas tangíveis, como bônus, dias de folga ou presentes, por atingir metas específicas ou por comportamentos exemplares.

- **Reconhecimento personalizado:** Entender as preferências individuais dos colaboradores para oferecer reconhecimento de maneira que seja mais significativa para cada um.

- **Celebrações e eventos:** Organizar eventos regulares para celebrar marcos importantes, seja relacionado a projetos, aniversários de empresa ou outras datas significativas.

INCORPORANDO O RECONHECIMENTO NO DIA A DIA

O reconhecimento não deve ser uma ação isolada, mas sim uma prática contínua e integrada ao cotidiano da empresa:

- **Crie um ambiente de apoio:** Encoraje os colaboradores a reconhecerem os esforços uns dos outros, promovendo uma cultura de apoio mútuo e apreciação.

- **Liderança pelo exemplo:** Os líderes devem dar o exemplo, reconhecendo regularmente as contribuições dos membros da equipe e demonstrando a importância do reconhecimento.

- **Feedback contínuo:** Alinhe o reconhecimento com feedback construtivo, garantindo que os colaboradores saibam não apenas que são valorizados, mas também como podem continuar a crescer e a contribuir.

Medindo o Impacto do Reconhecimento

Avaliar o impacto das iniciativas de reconhecimento é crucial para entender sua eficácia e fazer ajustes conforme necessário. Isso pode ser feito por meio de:

- **Pesquisas de satisfação:** Realizar pesquisas regulares para medir como as práticas de reconhecimento afetam a satisfação e o engajamento dos colaboradores.

- **Análise de desempenho:** Observar se há uma correlação entre as iniciativas de reconhecimento e melhorias no desempenho individual e da equipe.

- Feedback dos colaboradores: Coletar feedback direto sobre os programas de reconhecimento, utilizando as sugestões para aprimorar as iniciativas futuras.

Com um sistema de reconhecimento bem estabelecido, que celebra as conquistas e valoriza cada colaborador, sua empresa pode alcançar novos níveis de engajamento e produtividade. No entanto, o reconhecimento é apenas uma parte de um programa de endomarketing abrangente. No próximo capítulo, "TREINAMENTO E DESENVOLVIMENTO ATRAVÉS DO ENDOMARKETING", exploraremos como usar o endomarketing para promover oportunidades de treinamento e desenvolvimento, contribuindo para o crescimento pessoal e profissional dos colaboradores. Esteja pronto para descobrir como o aprendizado contínuo pode ser um poderoso motivador e como ele pode ser integrado às suas estratégias de endomarketing.

TREINAMENTO E DESENVOLVIMENTO ATRAVÉS DO ENDOMARKETING

O investimento no desenvolvimento contínuo dos colaboradores não só aumenta a competência e a eficácia da força de trabalho, mas também eleva o nível de satisfação e engajamento. Um programa eficaz de treinamento e desenvolvimento, promovido através de estratégias de endomarketing, pode ser um grande diferencial na retenção de talentos e no fortalecimento da cultura organizacional. Neste capítulo, exploraremos como integrar o treinamento e o desenvolvimento nas suas estratégias de endomarketing, transformando a aprendizagem contínua em um pilar de motivação e crescimento dentro da empresa.

A IMPORTÂNCIA DO DESENVOLVIMENTO CONTÍNUO

O desenvolvimento contínuo dos colaboradores é essencial para:

- **Manter a competitividade:** Garantir que a equipe esteja sempre atualizada com as últimas tendências e tecnologias do setor.

- **Aumentar a retenção de talentos:** Oferecer caminhos de crescimento profissional contribui para a satisfação e lealdade dos colaboradores.

- **Promover a inovação:** Colaboradores bem treinados e motivados são mais propensos a contribuir com ideias inovadoras que podem levar a empresa adiante.

ESTRATÉGIAS DE ENDOMARKETING PARA PROMOVER O DESENVOLVIMENTO

Integrar o treinamento e o desenvolvimento nas estratégias de endomarketing envolve a criação de uma cultura que valoriza e promove a aprendizagem contínua:

- **Comunicação de oportunidades:** Utilizar todos os canais de comunicação interna disponíveis para divulgar oportunidades de treinamento, workshops e cursos, destacando como eles contribuem para o crescimento pessoal e profissional.

- **Celebrar conquistas de aprendizado:** Reconhecer e celebrar publicamente as conquistas de aprendizado, como a conclusão de cursos ou certificações, reforçando a importância do desenvolvimento contínuo.

- **Incorporar o desenvolvimento nos planos de carreira:** Mostrar claramente como o treinamento e o desenvolvimento se encaixam nos planos de carreira dentro da empresa, incentivando os colaboradores a se engajarem em sua própria progressão.

CRIANDO PROGRAMAS DE TREINAMENTO ATRAENTES

Para que os programas de treinamento e desenvolvimento sejam efetivos, eles devem ser atraentes e acessíveis para os colaboradores:

- **Diversificar os métodos de aprendizagem:** Oferecer uma variedade de formatos, como e-learning, workshops presenciais e mentorias, para atender diferentes estilos de aprendizagem.

- **Envolver os colaboradores no desenvolvimento de programas:** Solicitar feedback sobre interesses de aprendizagem e áreas de desenvolvimento desejadas, garantindo que os programas sejam relevantes e envolventes.

- **Promover o aprendizado entre pares:** Encorajar a troca de conhecimentos entre colegas, facilitando sessões de compartilhamento de conhecimento e grupos de estudo.

MEDINDO O SUCESSO E O IMPACTO

Avaliar o impacto dos programas de treinamento e desenvolvimento é crucial para entender sua eficácia e fazer ajustes conforme necessário:

- **Feedback dos participantes:** Coletar feedback imediato

dos colaboradores após a participação em programas de treinamento para avaliar a satisfação e a aplicabilidade do aprendizado.

- **Avaliação de desempenho:** Monitorar a aplicação do conhecimento adquirido no trabalho e seu impacto no desempenho individual e da equipe.

- **Indicadores de engajamento:** Observar se existe uma correlação entre a participação em programas de desenvolvimento e os níveis de engajamento e satisfação dos colaboradores.

A integração do treinamento e desenvolvimento nas suas estratégias de endomarketing não apenas capacita seus colaboradores, mas também contribui significativamente para o engajamento e a motivação. No próximo capítulo, "PROMOVENDO O BEM-ESTAR NO LOCAL DE TRABALHO", vamos explorar como as iniciativas de endomarketing podem ser utilizadas para apoiar o bem-estar físico, mental e emocional dos colaboradores, criando um ambiente de trabalho onde todos podem prosperar. Esteja pronto para descobrir como a saúde e o bem-estar são fundamentais para a produtividade e o sucesso a longo prazo.

PROMOVENDO O BEM-ESTAR NO LOCAL DE TRABALHO

A promoção do bem-estar no local de trabalho vai além de simples benefícios; trata-se de criar um ambiente onde cada colaborador se sinta apoiado em todos os aspectos de sua vida, não apenas na esfera profissional. Através do endomarketing, é possível implementar iniciativas que promovam o bem-estar físico, mental e emocional, contribuindo para a criação de um ambiente de trabalho saudável e produtivo. Neste capítulo, exploraremos como essas iniciativas não apenas beneficiam os colaboradores individualmente, mas também reforçam o compromisso da empresa com o cuidado integral de sua equipe.

A IMPORTÂNCIA DO BEM-ESTAR NO TRABALHO

O bem-estar dos colaboradores impacta diretamente a produtividade, a criatividade e o engajamento. Ambientes de trabalho que promovem o bem-estar tendem a ter menores índices de absenteísmo, turnover e conflitos internos, além de maior satisfação no trabalho. Portanto, investir no bem-estar é investir no sucesso sustentável da organização.

ESTRATÉGIAS DE ENDOMARKETING PARA O BEM-ESTAR

Implementar iniciativas de bem-estar requer um planejamento cuidadoso e uma execução estratégica, aspectos nos quais o endomarketing desempenha um papel fundamental:

- **Comunicação de programas de bem-estar:** Utilize canais de endomarketing para informar sobre programas de saúde e bem-estar disponíveis, como ginástica laboral, consultas com psicólogos, nutricionistas, e outras iniciativas de saúde preventiva.

- **Campanhas de conscientização:** Promova campanhas regulares sobre temas importantes como saúde mental, alimentação saudável, importância da atividade física e técnicas de relaxamento e mindfulness.

- **Desafios de bem-estar:** Incentive a participação em atividades e desafios que promovam hábitos saudáveis, como competições amistosas de passos diários, maratonas de leitura ou desafios de alimentação saudável.

CRIANDO UM AMBIENTE DE TRABALHO SAUDÁVEL

Além das iniciativas específicas, o ambiente físico e a cultura da empresa desempenham um papel crucial no bem-estar dos colaboradores:

- **Espaços de descanso:** Crie áreas onde os colaboradores possam relaxar e se desconectar brevemente do trabalho, como salas de descanso, áreas verdes ou espaços de meditação.

- **Flexibilidade de horário e trabalho remoto:** Ofereça opções de flexibilidade que permitam aos colaboradores equilibrarem melhor a vida profissional e pessoal, reconhecendo e respeitando as necessidades individuais de cada um.

- **Cultura de suporte:** Fomente uma cultura que valorize o bem-estar, incentivando os gestores a serem proativos no apoio à saúde mental e física de suas equipes e promovendo o diálogo aberto sobre essas questões.

MEDINDO O IMPACTO DAS INICIATIVAS DE BEM-ESTAR

Para garantir a eficácia das iniciativas de bem-estar, é essencial medir seu impacto:

- **Pesquisas de satisfação e bem-estar:** Realize pesquisas regulares para avaliar a percepção dos colaboradores em relação às iniciativas de bem-estar e identificar áreas para melhoria.

- **Análise de absenteísmo e produtividade:** Monitore as taxas de absenteísmo e os indicadores de produtividade antes e após a implementação das iniciativas para avaliar seu impacto direto.

- Feedback contínuo: Encoraje o feedback constante sobre os programas de bem-estar, permitindo ajustes e melhorias contínuas baseadas nas necessidades dos colaboradores.

Promover o bem-estar no local de trabalho é uma jornada contínua, que requer compromisso e inovação constantes. No próximo capítulo, "FEEDBACK CONSTRUTIVO E DIÁLOGO ABERTO", exploraremos como criar um ambiente em que o feedback é não apenas encorajado, mas utilizado como uma ferramenta estratégica para o desenvolvimento contínuo e o fortalecimento das relações dentro da equipe. Prepare-se para aprender a transformar o feedback em uma força positiva que impulsiona o crescimento pessoal, o engajamento e a colaboração.

FEEDBACK CONSTRUTIVO E DIÁLOGO ABERTO

Criar um ambiente de trabalho onde o feedback construtivo e o diálogo aberto são valorizados é fundamental para o desenvolvimento contínuo dos colaboradores e para o fortalecimento das relações dentro da equipe. Este capítulo explora como utilizar o endomarketing para encorajar e facilitar a troca de feedback de forma eficaz, transformando-o em uma ferramenta poderosa de crescimento e aprimoramento para todos na organização.

A IMPORTÂNCIA DO FEEDBACK CONSTRUTIVO

O feedback construtivo é essencial para:

- **Promover o desenvolvimento pessoal e profissional:** Ajuda os colaboradores a entenderem seus pontos fortes e áreas de melhoria.

- **Melhorar a comunicação e o trabalho em equipe:** Fortalece as relações de trabalho ao promover a comunicação aberta e a confiança mútua.

- **Aumentar a motivação e o engajamento:** Quando os colaboradores veem que suas opiniões são valorizadas e que têm oportunidades de crescimento, seu engajamento e motivação aumentam.

ESTRATÉGIAS DE ENDOMARKETING PARA PROMOVER O FEEDBACK

Utilizar estratégias de endomarketing para promover uma cultura de feedback construtivo envolve várias ações:

- **Campanhas de conscientização:** Realizar campanhas internas que destacam a importância do feedback construtivo, compartilhando dicas sobre como dar e receber feedback de forma eficaz.

- **Treinamentos e workshops:** Oferecer sessões de treinamento sobre habilidades de comunicação, incluindo como articular feedback construtivo e como reagir de maneira positiva ao recebê-lo.

- **Ferramentas digitais:** Implementar plataformas que facilitem a troca de feedback, como aplicativos internos onde os colaboradores podem dar e receber feedback anonimamente ou não.

FOMENTANDO UM DIÁLOGO ABERTO

Além do feedback, o diálogo aberto entre colaboradores, equipes e lideranças é crucial para a resolução de conflitos, inovação e tomada de decisão. Algumas maneiras de promovê-lo incluem:

- **Reuniões regulares de feedback:** Estabelecer reuniões periódicas dedicadas exclusivamente à troca de feedback entre os membros da equipe e entre colaboradores e gestores.

- **Caixas de sugestões:** Manter caixas de sugestões físicas ou digitais onde os colaboradores podem expressar suas ideias, preocupações e sugestões anonimamente.

- **Fóruns de discussão:** Criar espaços, físicos ou virtuais, onde os colaboradores podem discutir abertamente ideias, projetos e desafios enfrentados pela equipe ou pela empresa.

MEDINDO O IMPACTO DO FEEDBACK E DO DIÁLOGO

Avaliar o impacto das iniciativas de feedback e diálogo aberto é vital para entender sua eficácia:

- **Pesquisas de clima organizacional:** Utilizar pesquisas para medir a percepção dos colaboradores sobre a eficácia do feedback e a abertura ao diálogo dentro da organização.

- **Análise de desempenho:** Observar se há melhorias no desempenho individual e de equipe correlacionadas com a implementação de práticas eficazes de feedback.

- **Feedback sobre o feedback:** Encorajar os colaboradores a avaliarem a qualidade e a utilidade do feedback recebido, bem como a abertura do ambiente para o diálogo.

Com um ambiente que valoriza o feedback construtivo e o diálogo aberto, sua organização estará bem posicionada para enfrentar desafios, cultivar inovação e fortalecer o engajamento dos colaboradores. No próximo capítulo, "EVENTOS CORPORATIVOS E ATIVIDADES DE FORMAÇÃO DE EQUIPES", exploraremos como as atividades de integração podem complementar as iniciativas de feedback, promovendo ainda mais a coesão da equipe e a cultura colaborativa. Esteja preparado para descobrir estratégias criativas para unir sua equipe e fortalecer os laços internos, transformando o ambiente de trabalho.

EVENTOS CORPORATIVOS E ATIVIDADES DE FORMAÇÃO DE EQUIPES

Eventos corporativos e atividades de formação de equipes são essenciais para fortalecer os laços entre os colaboradores, promover a coesão da equipe e melhorar a comunicação e a colaboração dentro da empresa. Ao integrar essas atividades às estratégias de endomarketing, você pode não só melhorar o ambiente de trabalho, mas também reforçar a cultura organizacional, aumentar o engajamento dos colaboradores e incentivar o desenvolvimento de habilidades interpessoais. Este capítulo foca em como planejar e executar esses eventos de forma eficaz, garantindo que eles tragam benefícios tangíveis para todos os envolvidos.

O VALOR DOS EVENTOS CORPORATIVOS E DA FORMAÇÃO DE EQUIPES

Essas atividades oferecem uma oportunidade única para:

- **Quebrar a rotina:** Proporcionar aos colaboradores uma pausa na rotina diária, ajudando a recarregar as energias e a aumentar a produtividade.

- **Melhorar a comunicação:** Promover o diálogo e a compreensão mútua, essenciais para o sucesso da equipe.

- **Fomentar o espírito de equipe:** Estimular a colaboração e reforçar a ideia de que todos estão trabalhando em prol de um objetivo comum.

- **Identificar líderes potenciais:** Observar como os colaboradores se comportam em diferentes situações, podendo revelar habilidades de liderança e outras competências.

PLANEJANDO EVENTOS E ATIVIDADES EFICAZES

Para que os eventos e atividades de formação de equipes sejam bem-sucedidos, é importante:

- **Definir objetivos claros:** Determine o que você espera alcançar com o evento ou atividade, seja melhorar a comunicação, resolver conflitos ou simplesmente relaxar e se divertir.

- **Escolher atividades adequadas:** As atividades devem ser escolhidas com base nos objetivos, na cultura da empresa e nas características dos participantes. Considere uma variedade que atenda a diferentes interesses e habilidades.

- **Incluir todos:** Garanta que as atividades sejam acessíveis e inclusivas, permitindo que todos os colaboradores participem e contribuam.

EXEMPLOS DE ATIVIDADES DE FORMAÇÃO DE EQUIPES

- **Workshops criativos:** Atividades como oficinas de arte, culinária ou escrita criativa podem ajudar a estimular a criatividade e oferecer uma nova perspectiva sobre os colegas de trabalho.

- **Esportes e jogos em equipe:** Competições amistosas ou esportes coletivos, como futebol, vôlei ou caça ao tesouro, promovem a colaboração e o espírito de equipe.

- **Retiros corporativos:** Um retiro fora do ambiente de trabalho pode ser uma excelente oportunidade para os colaboradores se desconectarem da rotina, se conectarem em um nível mais pessoal e discutirem objetivos e estratégias da empresa em um ambiente descontraído.

MEDINDO O SUCESSO

Para avaliar a eficácia dos eventos e atividades de formação de equipes:

- **Solicite feedback:** Após o evento, peça aos colaboradores que compartilhem suas impressões, o que gostaram mais, o que poderia ser melhorado e sugestões para futuras atividades.

- **Observe as mudanças:** Fique atento às mudanças no

ambiente de trabalho após o evento, como melhorias na comunicação, aumento da colaboração ou mais iniciativas de equipe.

- **Analise o impacto no desempenho:** Verifique se há melhorias no desempenho da equipe ou na realização de projetos após as atividades de formação de equipes.

Com a implementação bem-sucedida de eventos corporativos e atividades de formação de equipes, sua organização estará no caminho certo para desenvolver uma equipe mais coesa, comunicativa e engajada. No próximo capítulo, "ENDOMARKETING DIGITAL", exploraremos como as ferramentas e plataformas digitais podem ser utilizadas para potencializar as estratégias de endomarketing, permitindo uma comunicação mais eficaz e o engajamento contínuo dos colaboradores. Esteja pronto para descobrir como a tecnologia pode ser uma aliada poderosa na promoção do bem-estar e na construção de uma cultura organizacional forte.

ENDOMARKETING DIGITAL

A transformação digital tem remodelado a forma como as empresas se comunicam internamente e promovem o engajamento dos colaboradores. O endomarketing digital aproveita as ferramentas e plataformas digitais para alcançar e envolver a força de trabalho de maneira mais eficaz, independentemente de onde estejam. Neste capítulo, exploramos como integrar o endomarketing digital nas estratégias de comunicação interna, maximizando o alcance e a eficácia das iniciativas de endomarketing.

A ASCENSÃO DO ENDOMARKETING DIGITAL

O endomarketing digital não é apenas uma tendência, mas uma evolução necessária frente às mudanças no ambiente de trabalho, incluindo a crescente adoção do trabalho remoto e a necessidade de comunicação instantânea. Ele oferece:

- **Maior alcance:** Capacidade de alcançar colaboradores em diferentes localidades, incluindo aqueles em trabalho remoto ou em filiais distantes.

- **Interatividade:** Ferramentas digitais permitem uma comunicação bidirecional, encorajando o feedback e a participação dos colaboradores.

- **Personalização:** Possibilidade de personalizar a comunicação de acordo com os interesses e necessidades de grupos específicos de colaboradores.

FERRAMENTAS DE ENDOMARKETING DIGITAL

Diversas ferramentas podem ser utilizadas para implementar estratégias de endomarketing digital, incluindo:

- **Intranets e portais corporativos:** Plataformas centrais para compartilhar notícias, atualizações e informações importantes com toda a equipe.

- **Redes sociais corporativas:** Plataformas como Slack, Microsoft Teams ou Yammer facilitam a comunicação e colaboração em tempo real.

- **Aplicativos móveis:** Apps personalizados para a empresa podem fornecer acesso fácil a recursos, notificações e atualizações importantes.

- **Webinars e treinamentos online:** Utilização de plataformas de aprendizagem online para promover o desenvolvimento contínuo dos colaboradores.

ESTRATÉGIAS EFICAZES DE ENDOMARKETING DIGITAL

Para maximizar o impacto do endomarketing digital, considere as seguintes estratégias:

- **Conteúdo engajador:** Produza conteúdo relevante e atrativo, como vídeos, podcasts e artigos que reflitam a cultura e os valores da empresa.

- **Campanhas interativas:** Lance campanhas que incentivem a participação ativa dos colaboradores, como concursos, enquetes e desafios.

- **Comunicação segmentada:** Aproveite as ferramentas digitais para segmentar a comunicação, garantindo que as mensagens sejam relevantes para diferentes grupos dentro da empresa.

- **Feedback digital:** Utilize plataformas digitais para coletar feedback dos colaboradores, permitindo uma análise mais rápida e ação imediata em relação às sugestões e preocupações.

MEDINDO O IMPACTO DO ENDOMARKETING DIGITAL

A eficácia do endomarketing digital pode ser avaliada por meio de:

- **Análise de dados:** Ferramentas digitais oferecem vastas quantidades de dados que podem ser analisados para entender o engajamento e as preferências dos colaboradores.

- **Pesquisas e feedback:** Realize pesquisas digitais regulares para medir a satisfação e coletar feedback sobre as iniciativas de endomarketing digital.

- **Indicadores de desempenho:** Monitore indicadores-chave, como taxas de cliques, participação em eventos online e uso de aplicativos corporativos, para avaliar o engajamento.

Ao integrar o endomarketing digital em suas estratégias de comunicação interna, sua empresa pode criar um ambiente de trabalho mais dinâmico, inclusivo e engajado. No próximo capítulo, "INCORPORANDO A GAMIFICAÇÃO", exploraremos como a gamificação pode ser utilizada dentro das estratégias de endomarketing para aumentar ainda mais o engajamento, promovendo um ambiente de trabalho divertido e motivador. Prepare-se para descobrir como jogos e desafios podem transformar a experiência dos colaboradores e impulsionar a produtividade.

INCORPORANDO A GAMIFICAÇÃO

A gamificação utiliza elementos de jogos no contexto não lúdico do ambiente de trabalho para aumentar o engajamento e a motivação dos colaboradores, incentivando comportamentos positivos por meio de recompensas e reconhecimento. Este capítulo explora como a gamificação pode ser integrada às estratégias de endomarketing, transformando tarefas cotidianas em experiências mais envolventes e divertidas, ao mesmo tempo em que promove a aprendizagem, a colaboração e a competição saudável.

ENTENDENDO A GAMIFICAÇÃO

Gamificação não significa transformar o trabalho em um jogo, mas sim aplicar mecânicas de jogos - como pontos, níveis, crachás, tabelas de classificação, e missões - para melhorar a motivação e o engajamento. Ela se baseia na psicologia que motiva as pessoas a atingirem seus objetivos, oferecendo reconhecimento imediato e recompensas por conquistas específicas.

BENEFÍCIOS DA GAMIFICAÇÃO

- **Aumento do engajamento:** Tornar as tarefas mais divertidas e desafiadoras pode aumentar significativamente o engajamento dos colaboradores.

- **Reforço da aprendizagem:** Jogos educativos e simulações podem facilitar o treinamento e o desenvolvimento profissional de uma maneira mais interativa e memorável.

- **Promoção da colaboração:** Atividades gamificadas que incentivam o trabalho em equipe podem melhorar a comunicação e a colaboração entre os colaboradores.

- **Reconhecimento e motivação:** A gamificação fornece feedback imediato por meio de recompensas e reconhecimento, incentivando a continuidade do bom desempenho.

ESTRATÉGIAS DE IMPLEMENTAÇÃO DA GAMIFICAÇÃO

Para incorporar efetivamente a gamificação em suas iniciativas de endomarketing, considere as seguintes estratégias:

- **Defina objetivos claros:** Antes de implementar elementos de gamificação, é crucial definir objetivos claros. Pergunte-se o que você espera alcançar: Maior engajamento? Melhoria na aprendizagem e desenvolvimento? Maior colaboração?

- **Escolha as mecânicas adequadas:** Dependendo dos objetivos, diferentes mecânicas de jogo podem ser aplicadas. Por exemplo, para promover a aprendizagem, os quizzes podem ser uma ótima opção; para incentivar a produtividade, considere desafios com recompensas.

- **Personalize a experiência:** A gamificação deve ser relevante para os colaboradores. Considere personalizar as atividades para refletir a cultura da empresa e atender às preferências da equipe.

- **Forneça feedback e reconhecimento:** Garanta que o sistema de gamificação ofereça feedback constante e reconheça os esforços e conquistas dos colaboradores de forma visível e significativa.

MEDINDO O SUCESSO DA GAMIFICAÇÃO

Avaliar o impacto das iniciativas de gamificação é essencial para garantir que elas estejam cumprindo seus objetivos:

- **Feedback dos colaboradores:** Coletar feedback direto é vital para entender como as atividades gamificadas estão sendo recebidas e qual o seu impacto no engajamento e motivação.

- **Análise de dados:** Utilize dados e analytics para medir o envolvimento nas atividades gamificadas, observando métricas como participação, conclusão de tarefas e progresso nas aprendizagens.

- **Avaliação do desempenho:** Observe se há uma correlação entre a introdução da gamificação e melhorias no desempenho geral, incluindo produtividade, qualidade do trabalho e colaboração.

Com a gamificação, você pode criar um ambiente de trabalho mais dinâmico e engajador, incentivando a produtividade, a aprendizagem contínua e a colaboração. No próximo capítulo, "RESPONSABILIDADE SOCIAL CORPORATIVA E ENDOMARKETING", exploraremos como integrar iniciativas de responsabilidade social às estratégias de endomarketing, promovendo não apenas o engajamento interno, mas também contribuindo positivamente para a comunidade e o meio ambiente. Prepare-se para descobrir como alinhar os valores da empresa com ações sociais significativas que ressoam com os colaboradores e reforçam a imagem da marca.

RESPONSABILIDADE SOCIAL CORPORATIVA E ENDOMARKETING

Integrar a responsabilidade social corporativa (RSC) às estratégias de endomarketing não apenas reforça o compromisso da empresa com questões sociais, ambientais e éticas, mas também promove um sentido de propósito e pertencimento entre os colaboradores. Este capítulo aborda como utilizar o endomarketing para envolver os colaboradores em iniciativas de RSC, criando uma cultura corporativa que valoriza a contribuição positiva para a sociedade e o meio ambiente.

A IMPORTÂNCIA DA RSC NO AMBIENTE CORPORATIVO

A RSC beneficia a sociedade e o ambiente, mas também traz vantagens significativas para a empresa, incluindo:

- **Melhoria da imagem da marca:** A participação em projetos sociais fortalece a imagem da empresa junto aos consumidores, parceiros e comunidade local.

- **Aumento do engajamento dos colaboradores:** Trabalhar por uma causa maior pode aumentar a motivação e a satisfação no trabalho.

- **Atração e retenção de talentos:** Empresas com fortes programas de RSC são mais atraentes para profissionais que buscam empregadores com valores alinhados aos seus.

ESTRATÉGIAS DE ENDOMARKETING PARA PROMOVER A RSC

Para efetivamente integrar a RSC às suas estratégias de endomarketing, considere:

- **Comunicação clara dos projetos de RSC:** Utilize canais internos para informar e atualizar os colaboradores sobre as iniciativas de RSC, destacando seu impacto e como eles podem participar.

- **Voluntariado corporativo:** Organize e promova programas de voluntariado, incentivando a participação ativa dos colaboradores em projetos sociais, ambientais ou de caridade.

- **Campanhas de conscientização:** Crie campanhas de endomarketing que eduquem e sensibilizem os colaboradores sobre questões sociais e ambientais, mostrando como suas ações podem fazer a diferença.

ENGAJANDO COLABORADORES EM INICIATIVAS DE RSC

Para maximizar o engajamento dos colaboradores nas iniciativas de RSC:

- **Ofereça opções de participação:** Dê aos colaboradores a opção de escolher entre diferentes projetos de RSC, aumentando as chances de envolvimento pessoal e comprometimento.

- **Reconheça e premie o envolvimento:** Celebre as contribuições dos colaboradores para projetos de RSC, seja por meio de reconhecimento interno, prêmios ou benefícios adicionais.

- **Promova a participação em equipe:** Encoraje a criação de equipes para participar de projetos de RSC, fortalecendo o espírito de equipe e melhorando a colaboração.

MEDINDO O IMPACTO DAS INICIATIVAS DE RSC

Avaliar o impacto das iniciativas de RSC é crucial para entender sua eficácia e fazer ajustes conforme necessário:

- **Pesquisas de engajamento:** Realize pesquisas para medir o impacto das iniciativas de RSC no engajamento e na satisfação dos colaboradores.

- **Análise de contribuição para a comunidade:** Avalie o impacto das iniciativas de RSC na comunidade e no meio ambiente, utilizando métricas específicas sempre que possível.

- **Feedback dos colaboradores:** Colete feedback direto sobre as iniciativas de RSC, buscando entender o que funciona bem e o que pode ser melhorado.

Ao integrar a responsabilidade social corporativa às suas estratégias de endomarketing, você não apenas beneficia a comunidade e o ambiente, mas também fortalece a cultura corporativa, aumenta o engajamento dos colaboradores e melhora a imagem da empresa. No próximo capítulo, "MEDINDO O SUCESSO DO ENDOMARKETING", exploraremos métodos e métricas para avaliar a eficácia das suas estratégias de endomarketing, garantindo que você possa ajustar e aprimorar suas iniciativas com base em dados concretos. Esteja pronto para aprender como medir o impacto do seu programa de endomarketing e usar essas informações para impulsionar o sucesso contínuo da sua empresa.

MEDINDO O SUCESSO DO ENDOMARKETING

Avaliar a eficácia das estratégias de endomarketing é crucial para garantir que elas estejam atingindo os objetivos desejados, como aumentar o engajamento dos colaboradores, melhorar a comunicação interna e fortalecer a cultura corporativa. Este capítulo apresenta métodos e métricas para medir o sucesso das suas iniciativas de endomarketing, permitindo que você ajuste e aprimore suas ações com base em insights concretos.

ESTABELECENDO MÉTRICAS DE SUCESSO

Antes de medir o sucesso das suas estratégias de endomarketing, é importante definir quais métricas serão utilizadas. Algumas métricas comuns incluem:

- **Engajamento dos colaboradores:** Medido através de pesquisas de satisfação, taxa de participação em eventos e iniciativas, e uso de plataformas de comunicação interna.

- **Clima organizacional:** Avaliado por meio de pesquisas que medem a percepção dos colaboradores sobre o ambiente de trabalho, cultura corporativa e seu bem-estar geral.

- **Retenção e turnover de colaboradores:** Monitoramento das taxas de retenção e turnover para avaliar se as estratégias de endomarketing estão contribuindo para a manutenção de talentos.

- **Produtividade:** Análise de indicadores de desempenho antes e depois da implementação de iniciativas de endomarketing para verificar melhorias na produtividade.

COLETANDO E ANALISANDO DADOS

Para uma análise eficaz, considere os seguintes passos:

- **Pesquisas regulares:** Realize pesquisas de engajamento e clima organizacional regularmente para acompanhar as mudanças na percepção dos colaboradores.

- **Feedback contínuo:** Encoraje o feedback contínuo sobre

as iniciativas de endomarketing, utilizando plataformas digitais que facilitem essa comunicação.

- **Análise de dados de plataformas digitais:** Utilize as ferramentas analíticas de plataformas digitais internas para medir a interação e o engajamento dos colaboradores.

AJUSTANDO ESTRATÉGIAS BASEADAS EM FEEDBACK

Com os dados coletados, é possível:

- **Identificar áreas de melhoria:** Use o feedback para identificar quais aspectos das suas iniciativas de endomarketing precisam ser melhorados ou ajustados.

- **Inovar e experimentar:** Baseado nas análises, experimente novas abordagens e estratégias para aumentar o engajamento e a satisfação dos colaboradores.

- **Reconhecer o sucesso:** Celebre e compartilhe os sucessos alcançados através das iniciativas de endomarketing, reforçando o valor dessas estratégias para a empresa e para os colaboradores.

CRIANDO UM CICLO CONTÍNUO DE MELHORIA

O processo de medição e ajuste deve ser contínuo, criando um ciclo de feedback que permite a melhoria constante das estratégias de endomarketing. Isso envolve:

- **Revisão regular das métricas:** Reavalie periodicamente as métricas de sucesso para garantir que elas continuem alinhadas com os objetivos da empresa.

- **Adaptação às mudanças:** Esteja pronto para adaptar suas estratégias conforme as necessidades da empresa e dos colaboradores evoluem.

- **Investimento em tecnologia:** Utilize tecnologias emergentes para coletar e analisar dados de maneira mais eficiente, facilitando a implementação de melhorias.

Medir o sucesso das iniciativas de endomarketing é apenas o começo. No próximo capítulo, "SUPERANDO DESAFIOS NO ENDOMARKETING", abordaremos os obstáculos comuns ao implementar programas de endomarketing e como superá-los. Esteja preparado para aprender estratégias para enfrentar e superar esses desafios, garantindo que seu programa de endomarketing não apenas sobreviva, mas prospere, contribuindo significativamente para o sucesso da sua empresa.

SUPERANDO DESAFIOS NO ENDOMARKETING

Implementar um programa de endomarketing eficaz pode apresentar diversos desafios, desde a resistência interna até a dificuldade em medir o ROI (Retorno sobre Investimento) das iniciativas. Este capítulo aborda os obstáculos comuns encontrados ao desenvolver estratégias de endomarketing e fornece orientações práticas para superá-los, garantindo que seu programa não só atinja seus objetivos, mas também agregue valor significativo à cultura organizacional e ao engajamento dos colaboradores.

IDENTIFICANDO DESAFIOS COMUNS

Alguns dos desafios mais comuns incluem:

- **Resistência à mudança:** Natural em qualquer organização, a resistência pode vir tanto da liderança quanto dos colaboradores.

- **Comunicação ineficaz:** Dificuldades em alcançar todos os colaboradores ou em transmitir as mensagens de forma eficaz.

- **Orçamento limitado:** Restrições financeiras podem limitar a implementação de certas iniciativas.

- **Medição de resultados:** Desafios em estabelecer métricas claras e mensuráveis para avaliar o sucesso das ações de endomarketing.

ESTRATÉGIAS PARA SUPERAR DESAFIOS

Para cada desafio, existem estratégias potenciais para superá-lo:

- **Envolvimento da liderança:** Obtenha o apoio da alta liderança demonstrando como o endomarketing pode alinhar-se aos objetivos estratégicos da empresa e contribuir para o seu sucesso.

- **Comunicação clara e multicanal:** Utilize diversos canais de comunicação para garantir que as mensagens de endomarketing alcancem todos os colaboradores, adaptando o formato e a linguagem conforme o público-alvo.

- **Criatividade no orçamento:** Explore soluções criativas e de baixo custo, como eventos virtuais ou programas de reconhecimento que não exigem grandes investimentos financeiros.

- **Definição de métricas de sucesso:** Estabeleça indicadores claros desde o início, permitindo a avaliação precisa do impacto das iniciativas de endomarketing.

CASOS DE SUCESSO E LIÇÕES APRENDIDAS

Aprender com casos de sucesso dentro e fora da sua indústria pode oferecer insights valiosos:

- **Estude casos de sucesso:** Procure exemplos de empresas que superaram desafios semelhantes e analise as estratégias que adotaram.

- **Adaptação e flexibilidade:** Esteja aberto a adaptar estratégias com base no que funcionou (ou não) em outros contextos.

- **Colaboração e feedback:** Encoraje uma cultura de feedback contínuo, onde colaboradores possam expressar suas ideias e preocupações, contribuindo para a melhoria contínua das iniciativas.

MANTENDO O COMPROMISSO A LONGO PRAZO

Superar desafios no endomarketing exige um compromisso contínuo com a evolução e adaptação das estratégias:

- **Monitoramento e ajuste:** Mantenha o ciclo de feedback ativo, ajustando as estratégias conforme necessário para garantir que elas continuem relevantes e eficazes.

- **Compromisso com a cultura organizacional:** Integre

o endomarketing profundamente na cultura da empresa, garantindo que ele seja percebido como parte essencial do ambiente de trabalho.

- **Inovação constante:** Mantenha-se atualizado com as novas tendências em endomarketing, explorando novas tecnologias e metodologias para manter o programa fresco e envolvente.

Superar os desafios do endomarketing é crucial para desenvolver um programa que não apenas atenda às necessidades atuais da organização, mas que também esteja preparado para as demandas futuras. No próximo capítulo, "ENDOMARKETING PARA DIFERENTES GERAÇÕES", exploraremos como adaptar as estratégias de endomarketing para atender às expectativas e necessidades de uma força de trabalho diversificada, garantindo que as iniciativas de engajamento sejam inclusivas e eficazes para todos os colaboradores, independentemente da geração a que pertencem.

ENDOMARKETING PARA DIFERENTES GERAÇÕES

Em um ambiente de trabalho cada vez mais diversificado, com várias gerações trabalhando lado a lado, de baby boomers a geração Z, adaptar as estratégias de endomarketing para atender às necessidades e expectativas de cada grupo se torna um desafio crucial. Este capítulo explora como personalizar as iniciativas de endomarketing para criar um ambiente inclusivo que respeite e valorize a diversidade geracional, promovendo o engajamento e a colaboração entre todos os colaboradores.

COMPREENDENDO AS DIFERENÇAS GERACIONAIS

Cada geração traz suas próprias experiências, expectativas e preferências para o ambiente de trabalho:

- **Baby boomers:** Valorizam o reconhecimento da experiência e a lealdade à empresa. Preferem comunicação direta e pessoal.

- **Geração X:** São independentes, valorizam o equilíbrio entre vida pessoal e profissional e preferem feedback direto e construtivo.

- **Geração Y (Millennials):** Buscam propósito no trabalho, valorizam feedback contínuo e oportunidades de desenvolvimento. Preferem comunicação digital, mas significativa.

- **Geração Z:** Altamente digitais, valorizam a flexibilidade, a inclusão e são motivados por missões e impacto social. Preferem comunicação rápida e em múltiplos canais digitais.

ESTRATÉGIAS DE ENDOMARKETING ADAPTADAS

Para engajar efetivamente todas as gerações, considere:

- **Comunicação multicanal:** Utilize uma variedade de canais, desde reuniões presenciais e telefonemas até plataformas digitais e redes sociais, para garantir que as mensagens alcancem todos eficazmente.

- **Programas de reconhecimento personalizados:** Desenvolva sistemas de reconhecimento que permitam personalização, reconhecendo os colaboradores de maneira que seja mais significativa para cada um, baseada em suas gerações e preferências individuais.

- **Oportunidades flexíveis de desenvolvimento:** Ofereça uma gama de opções para desenvolvimento profissional e pessoal, desde treinamentos formais até aprendizado online, mentoring e projetos de inovação.

- **Iniciativas de bem-estar e equilíbrio trabalho-vida:** Implemente programas que atendam às diversas necessidades de bem-estar e equilíbrio entre trabalho e vida pessoal, reconhecendo que estas podem variar significativamente entre diferentes gerações.

PROMOVENDO A COLABORAÇÃO INTERGERACIONAL

Encorajar a troca de conhecimentos e experiências entre as gerações pode enriquecer o ambiente de trabalho e promover uma cultura de aprendizado mútuo:

- **Grupos de trabalho diversificados:** Promova a formação de equipes compostas por membros de diferentes gerações para projetos específicos, incentivando a colaboração e o intercâmbio de perspectivas.

- **Programas de mentoria cruzada:** Estabeleça programas de mentoria onde colaboradores de diferentes gerações possam tanto ensinar quanto aprender, reconhecendo o valor único que cada um traz para a empresa.

- **Eventos e atividades inclusivas:** Organize eventos que sejam atraentes para todas as gerações, desde workshops até atividades de formação de equipes e voluntariado.

MEDINDO O SUCESSO E AJUSTANDO AS ESTRATÉGIAS

- **Pesquisas e feedback:** Realize pesquisas regulares para entender como as diferentes gerações percebem as iniciativas de endomarketing e colete feedback para ajustes contínuos.

- **Análise de engajamento:** Monitore o engajamento por faixa etária para avaliar o impacto das estratégias adaptadas e identificar oportunidades de melhoria.

Ajustar as estratégias de endomarketing para atender às diferentes gerações é essencial para criar um ambiente de trabalho harmonioso e produtivo. No próximo capítulo, "SUSTENTABILIDADE E ENDOMARKETING", exploraremos como as iniciativas de sustentabilidade podem ser integradas ao endomarketing, alinhando os valores da empresa com a crescente demanda por práticas ecológicas e responsabilidade social, e como isso pode servir para engajar ainda mais os colaboradores em todas as gerações.

SUSTENTABILIDADE E ENDOMARKETING

Integrar sustentabilidade nas estratégias de endomarketing não só responde à crescente demanda por responsabilidade ambiental e social, mas também engaja os colaboradores em um propósito comum que transcende os objetivos puramente comerciais da empresa. Este capítulo discute como alinhar as iniciativas de endomarketing com práticas sustentáveis, promovendo uma cultura corporativa que valoriza a contribuição positiva para o planeta e para a sociedade.

A RELEVÂNCIA DA SUSTENTABILIDADE NO AMBIENTE CORPORATIVO

As práticas de sustentabilidade podem reforçar a imagem da empresa, melhorar a satisfação dos colaboradores e atrais novos talentos, especialmente aqueles que valorizam a responsabilidade ambiental e social. Além disso, empresas sustentáveis muitas vezes experimentam uma melhoria na eficiência operacional e redução de custos a longo prazo.

ESTRATÉGIAS DE ENDOMARKETING PARA PROMOVER A SUSTENTABILIDADE

Para efetivamente integrar a sustentabilidade nas suas estratégias de endomarketing, considere as seguintes abordagens:

- **Comunicação de políticas e práticas sustentáveis:** Utilize canais internos para informar os colaboradores sobre as políticas de sustentabilidade da empresa, incluindo objetivos, práticas adotadas e progresso alcançado.

- **Incentivo à participação em iniciativas sustentáveis:** Promova e facilite o envolvimento dos colaboradores em programas de sustentabilidade, como reciclagem, redução de desperdício, e projetos de voluntariado ambiental.

- **Formação e educação:** Ofereça treinamentos e workshops sobre práticas sustentáveis, destacando como cada colaborador pode contribuir para os objetivos de sustentabilidade no trabalho e em casa.

ENGAJANDO COLABORADORES EM PRÁTICAS SUSTENTÁVEIS

Para maximizar o engajamento dos colaboradores nas iniciativas de sustentabilidade:

- **Desafios e competições:** Organize desafios de sustentabilidade, incentivando os colaboradores a adotarem práticas mais verdes e recompensando as contribuições mais significativas.

- **Reconhecimento público:** Celebre as ações e projetos de sustentabilidade liderados por colaboradores, reconhecendo seu esforço e dedicação em comunicações internas e eventos.

- **Criação de embaixadores de sustentabilidade:** Forme um grupo de embaixadores de sustentabilidade dentro da empresa para liderar pelo exemplo e inspirar outros colaboradores a se engajarem.

MEDINDO O IMPACTO DAS INICIATIVAS DE SUSTENTABILIDADE

Avalie o sucesso das suas iniciativas de sustentabilidade por meio de:

- **Pesquisas de engajamento:** Realize pesquisas para entender o impacto das iniciativas de sustentabilidade no engajamento dos colaboradores e na percepção da empresa.

- **Análise de resultados ambientais:** Monitore métricas ambientais específicas, como redução no consumo de água e energia, diminuição de resíduos e aumento na taxa de reciclagem.

- **Feedback dos colaboradores:** Coletar feedback contínuo sobre os programas de sustentabilidade para ajustar e melhorar as iniciativas.

A adoção de práticas sustentáveis reforça o compromisso da empresa com o futuro do planeta e promove um sentimento de propósito entre os colaboradores. No próximo capítulo, "A ARTE DE ESCUTAR NO ENDOMARKETING", focaremos na importância de ouvir ativamente os colaboradores como parte fundamental das estratégias de endomarketing. A capacidade de escutar e responder às necessidades e feedbacks dos colaboradores é essencial para criar um ambiente de trabalho positivo e produtivo, onde todos se sintam valorizados e parte integrante do sucesso da empresa.

A ARTE DE ESCUTAR NO ENDOMARKETING

A essência do endomarketing eficaz não reside apenas em comunicar e engajar, mas igualmente em escutar ativamente os colaboradores. A arte de escutar é fundamental para entender as necessidades, expectativas e preocupações da equipe, permitindo que a empresa responda de maneira adequada e construa um ambiente de trabalho que reflita os valores e objetivos compartilhados por todos. Este capítulo aborda como implementar estratégias de escuta ativa no contexto do endomarketing para fortalecer a cultura corporativa e promover um ambiente mais inclusivo e produtivo.

A IMPORTÂNCIA DA ESCUTA ATIVA

A escuta ativa no ambiente corporativo possibilita:

- **Identificação de necessidades não expressas:** Muitas vezes, os colaboradores têm ideias ou preocupações que não são comunicadas por meio dos canais tradicionais. A escuta ativa ajuda a identificar essas questões.

- **Fortalecimento da confiança:** Quando os colaboradores percebem que são ouvidos, a confiança na liderança e na organização aumenta.

- **Promoção da inovação:** Ideias inovadoras podem surgir de qualquer nível da organização. Escutar ativamente os colaboradores incentiva a criatividade e a inovação.

- **Melhoria do engajamento:** Colaboradores que se sentem ouvidos tendem a se engajar mais profundamente com os objetivos da empresa.

ESTRATÉGIAS PARA PROMOVER A ESCUTA ATIVA

Para incorporar efetivamente a escuta ativa nas estratégias de endomarketing:

- **Criação de canais de comunicação abertos:** Desenvolva canais onde os colaboradores possam expressar suas ideias, feedback e preocupações de forma anônima ou aberta, como caixas de sugestões, fóruns de discussão e pesquisas regulares.

- **Implementação de sessões de feedback regulares:** Organize reuniões periódicas dedicadas ao feedback, onde os colaboradores possam compartilhar suas opiniões e ideias diretamente com a liderança.

- **Treinamento para líderes e gestores:** Ofereça treinamento em escuta ativa para líderes e gestores, enfatizando a importância de entender e responder às necessidades da equipe.

TRANSFORMANDO FEEDBACK EM AÇÃO

Escutar é apenas o primeiro passo; é fundamental que o feedback recebido seja transformado em ações concretas:

- **Análise e resposta ao feedback:** Avalie regularmente o feedback coletado e desenvolva planos de ação para abordar as questões levantadas.

- **Comunicação de mudanças:** Comunique claramente quaisquer mudanças ou iniciativas desenvolvidas em resposta ao feedback dos colaboradores, reforçando a ideia de que a empresa valoriza e age com base nas opiniões da equipe.

- **Monitoramento de resultados:** Acompanhe os resultados das ações implementadas, utilizando-os para ajustar continuamente as estratégias de endomarketing.

Adotar a escuta ativa como parte integral do endomarketing cria um ambiente de trabalho mais transparente, inclusivo e colaborativo, onde todos os colaboradores se sentem valorizados e parte integrante do sucesso da empresa. No próximo capítulo, "ENDOMARKETING E A EXPERIÊNCIA DO COLABORADOR", focaremos em como as estratégias de endomarketing podem ser desenhadas e implementadas para melhorar a experiência geral dos colaboradores na empresa, abordando desde o onboarding até o desenvolvimento contínuo, garantindo um ambiente de trabalho que não apenas retém talentos, mas os faz prosperar.

ENDOMARKETING E A EXPERIÊNCIA DO COLABORADOR

Melhorar a experiência do colaborador é fundamental para reter talentos, aumentar a produtividade e construir uma cultura corporativa forte. O endomarketing desempenha um papel crucial neste processo, oferecendo ferramentas e estratégias para enriquecer cada etapa da jornada do colaborador dentro da empresa. Este capítulo explora como utilizar o endomarketing para melhorar a experiência do colaborador, desde o momento do onboarding até o desenvolvimento de uma carreira longa e gratificante.

ENTENDENDO A EXPERIÊNCIA DO COLABORADOR

A experiência do colaborador abrange todos os pontos de contato e interações que um colaborador tem com a empresa, incluindo:

- **Onboarding:** A introdução inicial e o processo de integração na empresa.

- **Desenvolvimento profissional:** Oportunidades de crescimento e aprendizado dentro da organização.

- **Ambiente de trabalho:** A atmosfera cotidiana, incluindo a cultura da empresa, o espaço físico e as ferramentas disponíveis.

- **Reconhecimento e recompensa:** Como o trabalho e as conquistas são reconhecidos e celebrados.

ESTRATÉGIAS DE ENDOMARKETING PARA MELHORAR A EXPERIÊNCIA

Para otimizar a experiência do colaborador através do endomarketing:

- **Programas de onboarding criativos:** Utilize o endomarketing para criar programas de onboarding que não só informem, mas também engajem e inspirem novos colaboradores, apresentando a cultura da empresa de maneira interativa.

- **Comunicação contínua:** Mantenha os canais de comunicação sempre abertos e ativos, assegurando que os colaboradores estejam informados, envolvidos e ouvidos.

- **Desenvolvimento e capacitação:** Promova oportunidades de desenvolvimento profissional por meio de campanhas de endomarketing que incentivem a participação em treinamentos, workshops e outras formas de aprendizado.

- **Iniciativas de reconhecimento:** Crie programas de reconhecimento que celebrem as conquistas dos colaboradores de maneira significativa, utilizando o endomarketing para destacar esses momentos.

CRIANDO UM AMBIENTE DE TRABALHO POSITIVO

O ambiente de trabalho é um componente chave da experiência do colaborador. Estratégias eficazes incluem:

- **Espaços de trabalho inclusivos e inspiradores:** Utilize o endomarketing para promover a importância de um espaço de trabalho que incentive a criatividade, a colaboração e o bem-estar.

- **Cultura de feedback positivo:** Encoraje uma cultura onde o feedback é visto como uma ferramenta de crescimento, destacando histórias de como o feedback levou a melhorias pessoais e organizacionais.

- **Eventos e atividades:** Organize eventos e atividades que reforcem a cultura da empresa e promovam a interação social, contribuindo para uma experiência de trabalho mais rica e satisfatória.

MEDINDO A EFETIVIDADE E AJUSTANDO ESTRATÉGIAS

Para assegurar que as iniciativas de endomarketing estão realmente melhorando a experiência do colaborador:

- **Pesquisas de satisfação e engajamento:** Realize pesquisas regulares para avaliar a percepção dos colaboradores sobre sua experiência na empresa.

- **Análise de feedback:** Colete e analise feedback contínuo sobre diferentes aspectos da experiência do colaborador, utilizando essas informações para ajustar e melhorar as iniciativas.

- **Indicadores de desempenho:** Monitore indicadores-chave, como taxa de turnover, produtividade e qualidade do trabalho, para avaliar o impacto das estratégias de endomarketing na experiência do colaborador.

Aprimorar a experiência do colaborador através do endomarketing é um processo contínuo que requer atenção aos detalhes e um compromisso com a melhoria constante. No próximo capítulo, "INOVAÇÃO E CRIATIVIDADE NO ENDOMARKETING", exploraremos como incentivar a inovação e a criatividade dentro das estratégias de endomarketing, garantindo que a empresa não apenas atenda às expectativas atuais dos colaboradores, mas também se antecipe e adapte às mudanças futuras, mantendo-se à frente em um mercado competitivo.

INOVAÇÃO E CRIATIVIDADE NO ENDOMARKETING

A inovação e a criatividade são elementos cruciais para manter as estratégias de endomarketing dinâmicas, envolventes e eficazes. Ao cultivar um ambiente que estimula a inovação e valoriza a criatividade, as empresas podem não apenas melhorar a experiência dos colaboradores, mas também fomentar um espírito de contínua evolução e adaptação. Este capítulo aborda como integrar inovação e criatividade nas iniciativas de endomarketing, incentivando a participação ativa dos colaboradores e promovendo uma cultura organizacional vibrante.

FOMENTANDO UM AMBIENTE CRIATIVO

Para incentivar a inovação e a criatividade no endomarketing, é essencial:

- **Promover a liberdade de expressão:** Crie um ambiente seguro onde os colaboradores sintam-se à vontade para compartilhar ideias, sugestões e feedbacks sem medo de julgamento.

- **Estimular o pensamento divergente:** Encoraje os colaboradores a pensarem "fora da caixa", considerando novas perspectivas e abordagens inusitadas para os desafios da empresa.

- **Oferecer recursos e ferramentas:** Forneça as ferramentas e recursos necessários para que os colaboradores possam explorar suas ideias criativas, como softwares de design, espaços para brainstorming e tempo dedicado à inovação.

ESTRATÉGIAS CRIATIVAS EM AÇÃO

Incorporar a criatividade nas campanhas de endomarketing pode assumir várias formas:

- **Campanhas temáticas inovadoras:** Desenvolva campanhas de endomarketing com temas criativos e inovadores que cativem a atenção dos colaboradores e estimulem a participação.

- **Gamificação:** Aplique elementos de gamificação de maneiras novas e criativas para engajar os colaboradores, como competições de inovação ou desafios de sustentabilidade.

- **Histórias e narrativas:** Utilize storytelling para compartilhar sucessos, desafios e as jornadas dos colaboradores, criando uma conexão emocional e promovendo os valores da empresa.

INCENTIVANDO A PARTICIPAÇÃO DOS COLABORADORES

Para que as iniciativas de inovação e criatividade sejam bem-sucedidas, é vital incentivar a participação ativa dos colaboradores:

- **Workshops de criatividade:** Realize oficinas que ensinem técnicas de criatividade e inovação, incentivando os colaboradores a aplicarem-nas em projetos reais.

- **Espaços de inovação:** Crie espaços dedicados onde os colaboradores possam trabalhar em ideias inovadoras, seja individualmente ou em equipe.

- **Reconhecimento de ideias inovadoras:** Estabeleça programas de reconhecimento para ideias e projetos que contribuam significativamente para os objetivos da empresa, valorizando as contribuições criativas.

MEDINDO O IMPACTO DA CRIATIVIDADE E INOVAÇÃO

Avalie o sucesso das iniciativas criativas e inovadoras por meio de:

- **Feedback direto:** Colete feedback dos colaboradores sobre as iniciativas de endomarketing, perguntando especificamente sobre os aspectos mais e menos eficazes em termos de incentivo à criatividade.

- **Análise de participação:** Monitore os níveis de participação nas atividades propostas, identificando quais estratégias geram maior engajamento.

- Impacto nos resultados da empresa: Avalie como as ideias inovadoras surgidas dessas iniciativas contribuíram para a melhoria dos processos, produtos ou serviços da empresa.

Injetar inovação e criatividade nas estratégias de endomarketing não só revitaliza as iniciativas de engajamento, como também contribui para uma cultura corporativa dinâmica e adaptável. No próximo capítulo, "LIDERANÇA E ENDOMARKETING", exploraremos o papel crucial dos líderes na promoção e no suporte às iniciativas de endomarketing, destacando como uma liderança eficaz pode amplificar os resultados dessas estratégias e promover um ambiente de trabalho positivo e inovador.

LIDERANÇA E ENDOMARKETING

A liderança desempenha um papel fundamental no sucesso das iniciativas de endomarketing. Líderes eficazes não apenas comunicam as metas e valores da empresa, mas também agem como embaixadores da cultura organizacional, inspirando e motivando sua equipe a se engajar plenamente. Este capítulo aborda a importância da liderança no contexto do endomarketing, oferecendo estratégias para líderes promoverem um ambiente de trabalho positivo e inovador.

O PAPEL DOS LÍDERES NO ENDOMARKETING

Líderes eficazes são essenciais para:

- **Modelar a cultura organizacional:** Através de suas ações e decisões, os líderes demonstram os valores da empresa, servindo como modelos a serem seguidos pelos colaboradores.

- **Comunicar visão e objetivos:** Líderes articulam claramente a visão e os objetivos da empresa, garantindo que todos os membros da equipe compreendam seu papel no sucesso organizacional.

- **Fomentar o engajamento:** Por meio do reconhecimento e do apoio ao desenvolvimento profissional, os líderes incentivam a participação ativa e o comprometimento dos colaboradores.

ESTRATÉGIAS PARA LÍDERES FORTALECEREM O ENDOMARKETING

Para maximizar o impacto positivo da liderança no endomarketing:

- **Desenvolvimento de habilidades de comunicação:** Líderes devem aprimorar constantemente suas habilidades de comunicação, assegurando que as mensagens sejam transmitidas de maneira eficaz e empática.

- **Promoção de iniciativas de endomarketing:** Líderes

devem estar na vanguarda das iniciativas de endomarketing, participando ativamente e encorajando sua equipe a fazer o mesmo.

- **Criação de espaços para feedback:** Estabeleça canais para feedback bidirecional, onde colaboradores sintam-se à vontade para expressar ideias, preocupações e sugestões.

- **Reconhecimento público:** Adote práticas de reconhecimento público, valorizando as contribuições dos colaboradores e reforçando a importância de cada indivíduo para o sucesso da empresa.

SUPERANDO DESAFIOS DE LIDERANÇA

Alguns desafios que líderes podem enfrentar incluem:

- **Resistência à mudança:** Líderes podem trabalhar para superar resistências, demonstrando os benefícios das iniciativas de endomarketing e envolvendo a equipe no processo de mudança.

- **Manter a autenticidade:** Líderes devem esforçar-se para manter a autenticidade, garantindo que as ações e comunicações reflitam genuinamente os valores e a cultura da empresa.

- **Adaptação às necessidades da equipe:** Reconhecer e adaptar-se às diversas necessidades da equipe, promovendo um ambiente inclusivo e de suporte.

LIDERANÇA EM AÇÃO: CASOS DE SUCESSO

Histórias de líderes que impactaram positivamente suas equipes através de estratégias eficazes de endomarketing podem servir de inspiração. Seja por meio de campanhas inovadoras de reconhecimento ou liderando pelo exemplo em iniciativas de sustentabilidade, estes casos destacam como a liderança pode amplificar os resultados das estratégias de endomarketing e promover uma cultura corporativa engajada e motivada.

A liderança é um componente essencial no endomarketing, atuando como um catalisador para o engajamento e a motivação dos colaboradores. No próximo capítulo, "CONSTRUINDO UM TIME DE ENDOMARKETING", exploraremos como formar uma equipe dedicada dentro da empresa para liderar e executar as estratégias de endomarketing, garantindo que as iniciativas sejam consistentes, inovadoras e alinhadas aos objetivos organizacionais.

CONSTRUINDO UM TIME DE ENDOMARKETING

Para que as estratégias de endomarketing sejam bem-sucedidas e sustentáveis a longo prazo, é crucial formar uma equipe dedicada que possa liderar e executar essas iniciativas dentro da empresa. Um time de endomarketing eficaz funciona como o coração das operações de comunicação interna, garantindo que as mensagens sejam consistentes, inovadoras e alinhadas com a cultura e os objetivos organizacionais. Este capítulo foca na formação e no fortalecimento dessa equipe, destacando as habilidades necessárias, as responsabilidades e as melhores práticas para maximizar seu impacto.

DEFININDO O PAPEL DO TIME DE ENDOMARKETING

A equipe de endomarketing é responsável por:

- **Desenvolver estratégias de comunicação interna:** Criar e implementar planos que promovam a cultura da empresa, engajem os colaboradores e melhorem a experiência de trabalho.

- **Coordenar campanhas de endomarketing:** Gerenciar campanhas que alinhem os colaboradores aos objetivos da empresa, utilizando ferramentas criativas e inovadoras.

- **Monitorar e avaliar resultados:** Medir a eficácia das estratégias de endomarketing, ajustando-as conforme necessário para atender aos objetivos organizacionais.

FORMANDO UM TIME EFICAZ

Para montar um time de endomarketing robusto, considere:

- **Diversidade de habilidades:** Inclua membros com uma ampla gama de competências, desde comunicação e design gráfico até análise de dados e psicologia organizacional.

- **Alinhamento cultural:** Escolha colaboradores que compreendam profundamente e estejam alinhados com a cultura da empresa, pois isso facilitará a comunicação autêntica e eficaz.

- **Capacidade de inovação:** Procure por indivíduos com uma propensão para a criatividade e inovação, essenciais para manter as estratégias de endomarketing dinâmicas e envolventes.

MELHORES PRÁTICAS PARA LIDERAR UM TIME DE ENDOMARKETING

- **Estabeleça objetivos claros:** Defina metas específicas e mensuráveis para a equipe, garantindo que todos estejam alinhados com os objetivos maiores da organização.

- **Promova a colaboração:** Incentive a colaboração não apenas dentro da equipe, mas também com outros departamentos, para garantir que as iniciativas de endomarketing estejam integradas às estratégias gerais da empresa.

- **Invista em desenvolvimento profissional:** Ofereça oportunidades de treinamento e desenvolvimento para os membros da equipe, ajudando-os a aprimorar suas habilidades e permanecerem atualizados com as últimas tendências em comunicação interna e endomarketing.

- **Celebre sucessos:** Reconheça e celebre os sucessos da equipe, reforçando o impacto positivo de suas contribuições para a empresa.

DESAFIOS COMUNS E COMO SUPERÁ-LOS

Formar e manter um time de endomarketing eficaz pode apresentar desafios, incluindo:

- **Restrições orçamentárias:** Busque soluções criativas e de baixo custo para as iniciativas de endomarketing, maximizando os recursos disponíveis.

- **Resistência interna:** Trabalhe para ganhar o apoio de líderes e colaboradores, demonstrando o valor das estratégias de endomarketing para os objetivos gerais da empresa.

- **Manutenção do engajamento da equipe:** Mantenha a equipe motivada e engajada, fornecendo feedback positivo regular e oportunidades de crescimento pessoal e profissional.

Um time de endomarketing eficaz é vital para desenvolver e implementar estratégias que fortaleçam a cultura corporativa e melhorem o engajamento dos colaboradores. No próximo capítulo, "TRANSFORMANDO A TEORIA EM AÇÃO", sintetizaremos os conceitos discutidos anteriormente, destacando a importância de colocar em prática as estratégias de endomarketing para transformar colaboradores desmotivados em uma força de trabalho engajada e dedicada, e criar um ambiente de trabalho positivo e produtivo.

TRANSFORMANDO A TEORIA EM AÇÃO

Ao longo deste livro, exploramos a ampla gama de estratégias e práticas que compõem o universo do endomarketing. Desde a importância de compreender a desmotivação no ambiente de trabalho até a criação de um time dedicado ao endomarketing, passando pela integração de sustentabilidade e inovação nas iniciativas internas, cada capítulo forneceu insights valiosos para transformar a teoria em ação. Este capítulo conclusivo destaca a importância de implementar as estratégias de endomarketing discutidas, com o objetivo de converter colaboradores desmotivados em uma equipe engajada e dedicada, e criar um ambiente de trabalho positivo e produtivo.

A IMPORTÂNCIA DE AGIR

A teoria, por mais completa e inspiradora que seja, só tem valor quando transformada em ação concreta. Cada estratégia de endomarketing discutida neste livro tem o potencial de transformar significativamente a cultura da sua empresa, mas esse potencial só pode ser realizado através da implementação prática e do comprometimento contínuo com a melhoria e adaptação das práticas internas.

PASSOS PARA A IMPLEMENTAÇÃO

- **Avalie as necessidades da sua empresa:** Comece com uma avaliação honesta das necessidades e desafios específicos da sua organização. Identifique áreas de melhoria no engajamento e na comunicação interna.

- **Desenvolva um plano estratégico:** Com base na avaliação inicial, desenvolva um plano estratégico de endomarketing que aborde as áreas identificadas. Defina objetivos claros e mensuráveis.

- **Mobilize sua equipe:** Engaje líderes e colaboradores no processo, explicando os benefícios do endomarketing e como ele pode melhorar o ambiente de trabalho para todos.

- **Execute com excelência:** Implemente as iniciativas

planejadas com atenção aos detalhes, garantindo que cada ação seja bem comunicada e executada.

- **Meça e ajuste:** Use as métricas estabelecidas para avaliar o sucesso das suas estratégias de endomarketing. Esteja aberto ao feedback e pronto para fazer ajustes conforme necessário.

MANTENDO O COMPROMISSO A LONGO PRAZO

O endomarketing não é uma solução rápida, mas sim um compromisso contínuo com o desenvolvimento de uma cultura corporativa forte e uma força de trabalho engajada. Isso exige:

- **Flexibilidade e adaptação:** Esteja preparado para adaptar suas estratégias à medida que a empresa e o ambiente de trabalho evoluem.

- **Investimento contínuo:** Reconheça o endomarketing como um investimento essencial no bem-estar dos seus colaboradores e no sucesso da sua empresa.

- **Cultura de melhoria contínua:** Fomente uma cultura que valorize o feedback e esteja sempre buscando formas de melhorar.

OLHANDO PARA O FUTURO

Ao transformar a teoria do endomarketing em ação, você não apenas melhora o ambiente de trabalho atual, mas também estabelece as bases para um futuro mais brilhante e produtivo para sua empresa. Encorajamos você a manter o foco nos seus objetivos de endomarketing, a celebrar suas conquistas e a aprender com os desafios ao longo do caminho.

Este livro forneceu o mapa, mas a jornada é sua. Ao embarcar nesta viagem de transformação, lembre-se de que o sucesso do endomarketing depende não apenas das estratégias que você implementa, mas, mais importante, da paixão, da criatividade e do compromisso que você e sua equipe trazem para essas iniciativas todos os dias. Avance com coragem, criatividade e convicção, transformando a teoria em ação e, por fim, ação em sucesso duradouro.

Ao virarmos a última página desta jornada juntos, espero sinceramente que os aprendizados compartilhados aqui tenham tocado seu coração e despertado novas perspectivas. Se este livro lhe trouxe algum valor, peço gentilmente que dedique alguns momentos para deixar sua avaliação na Amazon. Suas palavras não apenas me ajudam a crescer e aprimorar minha arte, mas também guiam outros leitores em suas buscas por conhecimento e inspiração. Sua opinião é um presente valioso, tanto para mim quanto para a comunidade de leitores em busca de histórias que transformam. Agradeço de coração por compartilhar esta jornada comigo e espero que possamos nos encontrar novamente nas páginas de uma nova aventura.

REGINALDO OSNILDO

Olá, sou Reginaldo Osnildo, autor e inovador nas áreas de vendas, tecnologia, e estratégias de comunicação. Minha experiência abrange desde o ambiente acadêmico, como professor e pesquisador na Universidade do Sul de Santa Catarina, até a prática como estrategista no Grupo Catarinense de Rádios. Com um doutorado em narrativas de vendas e convergência digital, e um mestrado em storytelling e imaginário social, eu trago para meus leitores uma fusão única entre teoria e prática. Meu objetivo é fornecer conhecimento em uma linguagem simples, prática e didática, incentivando a aplicação direta na vida pessoal e profissional.

Atenciosamente

Prof. Dr. Reginaldo Osnildo

+55 48 991913865

reginaldoosnildo@gmail.com

www.ingramcontent.com/pod-product-compliance
Lightning Source LLC
Chambersburg PA
CBHW050114230526
45470CB00004B/1833